QUELQUES DÉTAILS

SUR LA CONSOMMATION

DE

LA LUZERNE EN VERT,

ET

TABLEAU D'UN ASSOLEMENT DE DOUZE ANS.

Ouvrages de M. Ch. Pictet, *qui se trouvent chez le même Libraire.*

Cours d'agriculture anglaise, avec les développemens utiles aux Agriculteurs du continent, 10 vol. in-8. fig. 50 fr.

Traité des Assolemens, ou l'Art d'établir les rotations de récoltes, 1 vol. in-8, 3 fr.

Faits et observations sur la race des mérinos d'Espagne à laine superfine, et les croisemens, in-8, fig. 1 fr. 80 c.

Recherches sur la nature et les effets du crédit du papier dans la Gr.-Bret., par Tornton, tr. de l'angl. in-8, 3 fr.

Education pratique, trad. libre de l'anglois de M. Edgeworth, 2 vol. in-8, 6 fr.

Théologie naturelle, ou Preuves de l'existence et des attributs de la divinité, tirées des apparences de la nature, trad. libre d'après Will. Paley, in-8, 4 fr. 50 c.

Tableau des Etats-Unis de l'Amérique, d'après Morse, 2 vol. in-8, 6 fr.

Ouvrages nouveaux.

Des associations rurales pour la fabrication du lait, connues en Suisse sous le nom de fruitières, par Ch. Lullin de Genève, in-8. fig. 2 fr.

Art (l') de faire le pain, et observations théoriques et pratiques sur l'analyse et la synthèse du froment, et sur la manière la plus avantageuse de préparer un pain léger; précédées de quelques recherches sur l'origine et les maladies du blé, par Edlin, trad. de l'angl. par M. Peschier, Dr. Méd., in-8, 2 fr. 50 c.

Principes raisonnés d'agriculture, trad. de l'allemand d'A. Thaër, par E. V. B. Crud, 4 vol. in-4. br. 48 fr.

Instruction pratique sur la carie des blés et sur les moyens de combattre ce fléau, extraite de l'ouvrage de M. Benedict Prévost, par C. Lullin, in-8,

QUELQUES DÉTAILS
SUR
LA CONSOMMATION
DE LA
LUZERNE EN VERT,
ET
TABLEAU D'UN ASSOLEMENT DE DOUZE ANS,

PAR M. CH. PICTET, de Genève,

Faisant suite à son Traité des assolemens, ou de l'Art d'établir les rotations de récoltes.

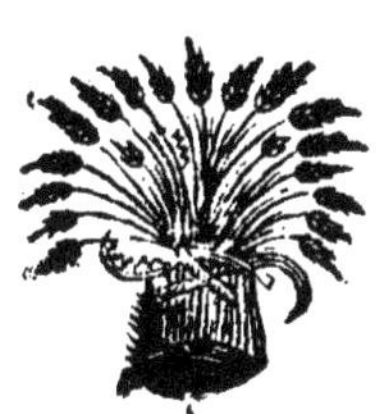

A PARIS,

Chez J. J. PASCHOUD, Libraire, rue Mazarine n.º 22.

ET A GENÈVE,

Chez le même Imprimeur-Libraire.

1811.

AVIS

DE L'IMPRIMEUR-LIBRAIRE.

Nous avons tiré de la Bibliothéque Britannique *les deux morceaux suivans, pour les imprimer à la suite du* TRAITÉ DES ASSOLEMENS (*). *L'auteur y rend compte de l'application singulièrement fructueuse qu'il a faite des principes développés dans ce Traité. Ceux qui cultivent sous un climat, dans un sol et des circonstances à peu près semblables, pourront s'approprier les avantages de l'expérience de M. Pictet.*

(*) 1 vol in-8. Se vend chez le même Libraire, 3 fr.

QUELQUES DÉTAILS
SUR LA CONSOMMATION
DE
LA LUZERNE EN VERT,
ET
TABLEAU D'UN ASSOLEMENT DE DOUZE ANS.

Détails sur la consommation de la Luzerne en vert (Janvier 1810).

LE 7 avril 1808, je fis semer deux cent dix livres, poids de marc, de graine de luzerne, sur un champ de dix poses de Genève, de froment en végétation (1). Ce blé avoit été semé à la volée le 24 octobre précédent. Il succédoit à des

(1) La pose de Genève est de 25600 pieds carrés : la pièce par conséquent, tient tout près de huit arpens de Paris, ancienne mesure.

pommes de terre sur un défoncement à la bèche, et avoit été fumé, savoir les trois quarts du champ dans les quinze premiers jours d'octobre, et le reste par-dessus le blé en végétation, pendant les gelées de l'hiver. Le sol est graveleux. Il y a environ un pied d'un lut léger, mélangé d'un très-grand nombre de petites pierres calcaires et de petits cailloux roulés. Cette terre végétale repose sur un banc de gravier de plusieurs pieds d'épaisseur. Ce champ, situé à dix minutes de marche de la maison, avoit la réputation d'un si mauvais terrain, que lorsque j'ai acheté Lancy (il y a treize ans) on le destinoit uniquement au seigle. Les plus anciens domestiques de la maison ne se rappeloient pas de lui avoir vu produire autre chose que du seigle et du blé sarrazin; et comme ce champ faisoit alors partie d'une vaste plaine ouverte, l'impossibilité de le défendre du bétail qui paissoit dans les champs voisins après la moisson, et au printems, conduisoit à le traiter selon la méthode des jachères : on achetoit donc une chétive récolte de seigle (quelquefois suivie d'une récolte dérobée de blé noir) par deux ou trois labours de jachère, et on ne fumoit jamais.

Après avoir entouré ce champ d'une haie d'aubépine très-fournie, que j'ai fait cultiver et receper à plusieurs reprises, je l'ai soumis à l'assolement que l'expérience m'a fait connoître pour le plus avantageux. Je parlerai une autre fois au long de cet assolement : je dirai seulement ici qu'il commence par un défoncement à la bèche pour les pommes de terre, cultivées deux ou trois fois, remplacées par le froment que l'on fume pendant les gelées, et sur lequel on sème du trèfle; que ce trèfle, après avoir donné une coupe dans la même année, et trois l'année d'après, est suivi de froment encore. Après la récolte dérobée (raves, carottes ou blé noir) dans la même année que le froment, on revient au défoncement à la bèche et aux pommes de terre, puis au froment, qu'on fume l'hiver, et sur lequel on sème de la luzerne, qui dure quatre ans dans sa force, et prépare de belles récoltes de grains (1).

Lors donc que j'ai fait semer la luzerne dans le champ dont il s'agit, il étoit à la septième année de l'assolement. Après la semaille, je fis passer sur le blé une herse légère, garnie d'épines : je le fais toujours, soit pour donner une espèce de culture au froment, soit pour recouvrir et mélanger au fumier la graine de la luzerne ou celle du trèfle. La récolte du froment de 1808 donna huit pour un. Aussitôt après la moisson, je fis plâtrer la luzerne. Elle étoit bien garnie, mais la fin de l'été fut sèche et peu favorable à sa végétation. Je la fis faucher le 1.er septembre, et ne recueillis qu'un chariot de vingt quintaux sur toute la pièce.

Le 17 mars 1809, je fis plâtrer la lu-

(1) De nombreuses objections peuvent être élevées par les purs théoristes, et aussi par les praticiens éclairés, contre la rotation que j'indique ici, comme celle qui me donne le plus de *profit net*. Je crois que je réussirai à lever ou affoiblir ces objections, lorsque je traiterai de cet assolement, dans le but d'en faire bien connoître les avantages.

zerne à la même dose que la première fois, et que j'emploie également pour le trèfle, savoir, la même mesure que l'on sème de froment à la volée sur l'espace dont il s'agit. Sa pousse fut très-vigoureuse; mais les gelées du mois d'avril l'arrêtèrent. Les tiges étoient flétries et tombantes. Je commençai le 20 avril à faucher pour faire consommer la luzerne à l'écurie, par trois chevaux et deux vaches. Au 1.er mai je fis donner de la luzerne en vert au ratelier, à deux cents bêtes à laine. Depuis le 15 mai au 29, quatre cents bêtes à laine furent nourries de luzerne au ratelier. Alors je cessai d'en donner aux moutons. Les trois chevaux en ont été uniquement nourris jusqu'au 25 novembre. Dès la fin d'août, jusqu'à la même époque, une vache seulement fut nourrie de luzerne.

En octobre et novembre, mes brebis mangèrent de la luzerne au ratelier les jours de pluie, et dans les matinées où la rosée empêchoit d'aller aux champs de bonne heure. La quantité de fourrage vert qu'elles ont ainsi consommée n'a pu être estimée que d'une manière approximative : mon berger en chef, qui a une longue habitude de nourrir les vaches et les bêtes à laine, estime que les brebis ont mangé en supplément au pâturage, en octobre et novembre, ce qui auroit nourri une vache pendant huit semaines.

J'ai recueilli en outre dans la même pièce douze voitures de vingt-cinq quintaux de luzerne sèche, savoir, deux voitures de la première coupe, quatre de la seconde, quatre de la troisième et deux de la quatrième.

Pour apprécier le produit net de cette luzerne, il faut estimer le nombre des semaines de consommation. Je prends pour base de calcul qu'une vache de forte taille mange chaque jour la quantité de luzerne verte qui répond à trente livres de luzerne séchée pour foin. En estimant quinze brebis pour une vache, soit la quantité qui répond à deux livres de foin sec par brebis, je puis représenter la consommation des brebis par des semaines de consommation de vache. Voici donc le compte des semaines. Il y a eu deux vaches à la luzerne pendant quatre mois, et une seule pendant trois mois et cinq jours : c'est quarante-huit semaines entre les deux vaches.

La consommation de trois cents moutons pendant le mois de mai, représente quatre semaines de vingt vaches.

La consommation des brebis, en octobre et novembre, peut être représentée par huit semaines de la consommation d'une vache. C'est donc, en tout cent trente-six semaines de vaches.

Les trois chevaux ont été à la luzerne pour toute nourriture, trente et une semaines, soit quatre-vingt treize semaines pour les trois.

La nourriture d'un cheval de carosse ou de charrette, qui travaille, peut s'estimer comme suit :

25 livres de foin par jour, à 3 Fr. le quintal, soit 75 cent. par jour, font pour la semaine	fr.	5 25
30 livres d'avoine		3
	fr.	8 25

Une vache, à 30 livres de foin par jour, au même prix, coûte pour la semaine . fr.	6 30
136 semaines de nourriture d'une vache font donc	730 »
93 semaines de nourriture d'un cheval font.	767 25
300 quintaux de luzerne sèche, à 3 Fr. le quintal	900 »
	fr. 2397 25

Frais à déduire.

Le quart de la journée d'un homme pour faucher et charier la luzerne, peut être estimée à 50 cent., ce qui pour 218 jours monte à	F. 109	
218 charriages avec un cheval et un tombereau ou chariot, à 75 cent. par jour	163	374 »
Pour faucher, faner et charier 12 voitures de luzerne sèche .	72	
Pour achat, charriage et semaille du plâtre	30	
Reste en produit net . . fr.		2023 25

On sait que la quantité du fumier produit par la nourriture en vert, à l'étable, est plus considérable que par la nourriture sèche, à nombre égal de bestiaux, et on estime sa qualité meilleure : cela n'est pas susceptible d'être évalué au juste, mais c'est une circonstance encourageante pour cette méthode. Je m'attendois que la luzerne, donnée au mois d'avril, purgeroit les animaux avant qu'ils fussent accoutumés à cette nourriture : cela n'arriva ni pour les chevaux, ni pour les vaches, ni pour les moutons. Mes domestiques m'avoient prédit que les chevaux seroient fort éprouvés dans le premier mois : ce fut précisément le contraire. Les charriages de l'hiver et du printems les avoient fatigués, et ils étoient, au 20 avril, plus maigres que je ne les aie jamais eus. Un mois suffit pour leur rendre tout leur embonpoint, avec un poil lisse et brillant. J'ai trouvé qu'ils étoient tout aussi forts pour le travail, et avoient autant d'haleine pour le trot, que dans le temps où ils étoient nourris au foin et à l'avoine : ils n'ont pas mangé un grain de celle-ci pendant sept mois.

En ayant soin de ne pas donner trop de luzerne à la fois aux vaches et aux moutons, dans les premiers jours, et en mettant de la paille dans le ratelier avant d'y déposer la ration de fourrage, on ne court aucun risque de gonflement. On sait que le lait des vaches qui mangent la luzerne verte est abondant et de bonne qualité. Quant aux moutons, cet emploi de la luzerne me semble d'un grand intérêt pour la race des mérinos. Les montagnes nous donnent leur pâturage dès les premiers jours de juin ; mais nous sommes souvent dans l'embarras pour nourrir de nombreux troupeaux, en avril et mai : c'est le moment où le foin est le plus cher, et si nous les mettons dans les prés, il y a le double inconvénient de risquer les gonflemens, les indigestions, les coups de sang, en passant tout-à-coup du régime sec à une nourriture trop forte, et de diminuer beaucoup la rente des prés en arrêtant leur première pousse. Une luzernière à portée des bergeries crée des ressources très-étendues, et peut mettre le propriétaire de troupeaux à l'abri de toute inquiétude.

Je dois observer que la luzerne n'est pas encore dans sa force à la première année de son produit, et que je puis espérer de tirer cette année, 1810, un meilleur

leur parti de cette même pièce. Un produit aussi considérable montre combien l'introduction de la luzerne dans les assolemens, est une chose intéressante. On a cru long-tems qu'il falloit une terre privilégiée, des défoncemens et des amendemens coûteux, pour avoir une luzernière. Cela réduisoit la culture de la luzerne à de très-petits espaces. L'exemple que je donne prouve que, dans la terre la plus médiocre, la luzerne, semée sur le blé en végétation et fumé, peut donner un produit énorme, sans aucune précaution que de faire précéder le froment d'une récolte sarclée, et préparée par un labour à la bèche. Il faut des procédés semblables pour assurer la pleine réussite du trèfle; et quoique celui-ci soit d'un avantage inestimable, et doive toujours entrer dans un bon assolement, la luzerne a, de beaucoup, l'avantage pour la quantité du produit sur un espace donné, à frais égaux. La graine de la luzerne est un peu plus chère; et comme son grain n'est pas si menu; que sa levée n'est pas si sûre, ni sa jeune plante si robuste, il convient d'en semer jusqu'à trois fois autant qu'on sémeroit de trèfle sur le même espace; mais cette différence de frais est une bagatelle, lorsqu'il s'agit de s'assurer quatre années de récoltes de quatre coupes au moins chacune, tandis que le trèfle n'a qu'une année de récolte pleine, et ne donne, dans cette année-là, que trois coupes, tout au plus.

En augmentant les moyens de nourrir au vert à l'étable un grand nombre de bestiaux, la luzerne rend un service important à l'économie rurale des pays où l'on en introduit la culture. C'est chez les Belges, chez les Allemands, chez les Suisses, et dans quelques exploitations particulière de l'Angleterre et de l'Ecosse, qu'il faut étudier les avantages de la méthode de faire consommer les fourrages en vert. La quantité de fourrage vert, qui, s'il étoit desséché, donneroit un quintal de foin sec, produit plus de viande, plus de graisse, ou plus de lait, que ne le feroit le quintal de foin sec, en y ajoutant l'eau que les animaux boiroient. L'eau de végétation que les bêtes avalent, en mangeant le fourrage vert, est probablement plus disposée à s'animaliser que l'eau pure; et ce seroit là un sujet bien intéressant d'expériences directes : il en résulteroit l'appréciation exacte des rapports de poids et de profit dans la consommation du fourrage vert et du fourrage sec, toutes choses d'ailleurs égales. Nos lecteurs peuvent consulter Thaer, Bergen, et Schwerz, concernant les effets de la nourriture en vert sur l'agriculture d'un pays, et juger comment, par cette industrie, on peut nourrir beaucoup plus de bestiaux sur une étendue donnée de terrain. « L'augmentation des engrais, » dit le dernier de ces auteurs, dans son admirable ouvrage sur l'agriculture Belge, « ne » dépend pas seulement de ce que chaque » vache nourrie en vert à l'étable fait un » tiers, ou tout au moins un quart de » fumier de plus, qu'une vache qui pâ- » ture, mais aussi, et surtout, de ce que » le même pré qui pourroit en nourrir

» une au pâturage, suffit à en nourrir trois » à l'étable. Si donc une étendue de pré » qui nourrit pendant cinq mois une va- » che au pâturage produit trois voitures » de fumier, cette même étendue de pré » nourrissant trois vaches à l'étable, pro- » duira, dans les cinq mois, douze voi- » tures de fumier, c'est-à-dire, quatre fois » davantage.» (*Anleitung zur kenntniss*, vol. I, page 235).

Sans entrer ici dans des détails qui appartiennent à un autre sujet, je crois devoir prévenir une objection que ne manqueront pas de faire ceux qui savent combien les jeunes plantes de luzerne craignent les blanches gelées, circonstance qui oblige à retarder la semaille de la luzerne jusques vers le 10 mai, dans notre climat, lorsqu'on la sème sans mélange. Comment, dira-t-on, empêcher que la luzerne ne périsse par les blanches gelées de mai, si on la sème en avril, et comment espérer qu'elle réussira, si on la sème vers le 10 de mai sur le blé en végétation, c'est-à-dire, sur un blé qui a déjà tallé, qui est haut, fort, donne beaucoup d'ombre, et qu'on ne peut plus herser alors ?

A cela je réponds, que dans mon assolement, le froment succédant aux pommes de terre, est toujours semé un peu tard ; qu'étant couvert de fumier pendant l'hiver, les plantes encroûtées de ce fumier, paroissent en mars et avril, en général, moins avancées que celles des blés de mes voisins ; et que ce n'est qu'après que les pluies du printems ont fait pénétrer le fumier jusqu'aux racines du froment, en même tems que la terre se réchauffe, que l'on voit les plantes taller, et végéter vigoureusement, de manière à dépasser les autres blés, avant la fin de mai. J'observe ensuite, que dans une expérience de plusieurs années, je n'ai jamais vu geler les jeunes plantes de luzerne dans le blé au printems. Soit que le fumier réchauffe la terre, soit que la fane du blé protège la jeune plante, et contribue aussi à la réchauffer en libérant le calorique au moment où la rosée se convertit en glace sur cette fanne, c'est un fait, que les gelées ne sont pas à craindre dans ce cas, lors même que la semaille a été faite dans les premiers jours d'avril. Le même champ dont je viens de rendre compte fut exposé à plusieurs matinées de gelée blanche, et n'en a point souffert (1).

On pourra s'étonner, que je ne laisse durer que quatre ans une luzernière bien réussie; mais, l'expérience m'a appris que dans les terrains graminifères, et dans les situations où l'on ne peut se défendre des graines aîlées des chardons, et de la dent de lion, les luzernes baissent sensiblement après la quatrième année; or, dans une agriculture vigoureuse et bien conduite, il faut que la terre porte toujours, s'il est possible, des récoltes pleines et abondantes. La luzerne, plâtrée tous les ans, fumée au commencement de la

(1) Le 22 avril, la plus grande partie des graines de luzerne avoient germé. Depuis ce jour là, jusqu'au 2 mai, il y eut sept matinées de gelées blanches. Le 6 mai, j'examinai ma jeune luzerne; elle étoit superbe.

troisième année, est toujours rompue à la quatrième, et la terre, si elle est de nature médiocre, se trouve enrichie et propre à donner les plus belles récoltes céréales.

On sait que le trèfle, bien traité, opère une véritable métamorphose sur les terres légères et ingrates, en les rendant capables de porter de belles récoltes de froment : on peut attendre un effet semblable, et plus marqué encore, de la luzerne, parce que son séjour sur la même pièce est plus long, que la décomposition des feuilles et des racines est plus considérable, et que le champ fumé ou plâtré six fois dans cinq années, s'est fort enrichi pour les grains qui doivent succéder. Dans les bonnes terres, cette richesse surabondante produit le versement des récoltes; il faut alors semer fort clair, et préférer les blés à pailles fortes, qui redoutent le moins cet excès de fécondité. L'avoine, l'orge, les pommes de terre, dégraissent aussi très-efficacement les terrains trop chargés de sucs nourriciers. Dans tous les cas, ce n'est pas une circonstance embarrassante que d'avoir son terrain en trop bon état, après qu'il a donné, dans quatre années consécutives, les récoltes les plus abondantes et les plus profitables qu'on puisse espérer d'aucune production.

CONSOMMATION
DE LA
LUZERNE EN VERT,
ET TABLEAU D'UN ASSOLEMENT DE DOUZE ANS (Décembre 1810).

J'ai rendu compte de la production, en 1809, d'une pièce de luzerne de dix poses de Genève, soit environ huit arpens de Paris, ancienne mesure. Voici ce que la même pièce a produit cette année 1810.

Le 22 mars je la fis plâtrer à la même dose que l'année dernière.

Le 28 mars, elle avoit six à sept pouces de hauteur moyenne.

Le 16 avril, je commençai à la couper en vert pour nourrir trois chevaux, deux vaches, et donner une fois le jour à quarante brebis.

Le 2 mai, elle étoit si haute et si abondante, qu'elle commença à verser.

Le 10 mai, la pièce entière étoit versée, et les tiges blanchissoient. Je la fis couper pour foin, et serrai dix voitures et demie de vingt-cinq quintaux.

Le 18 mai, j'ôtai une vache, et ajoutai vingt brebis.

Le 15 juin, je serrai sept voitures de vingt-cinq quintaux.

Le 18 juillet, j'ajoutai un quatrième cheval pour consommer la luzerne en vert, et je cessai d'en donner aux moutons.

Le 10 août, je fis couper pour foin, une partie de la pièce, et j'en serrai quatre voitures, dans les jours suivans.

Le 28 août, je fis couper pour foin, une voiture et demie.

Le 10 septembre, de même, trois voitures.

J'ai continué la consommation en vert de quatre chevaux et d'une vache, jusqu'au 22 novembre. A cette époque, il y avoit encore à couper pour la consommation de cinq à six jours; mais comme il falloit beaucoup de tems à un faucheur pour couper la ration, et beaucoup de tems aussi pour la rassembler, je fis cesser la nourriture en vert à l'écurie, et je mis les moutons dans la luzerne, avec les précautions convenables. Comme les gelées blanches l'avoient flétrie, elle étoit peu dangereuse, surtout avec le soin de ne laisser les bêtes que quelques instans dans la partie non fauchée, pour les faire passer dans la portion fauchée, et ainsi alternativement. Le côté de la pièce par lequel on avoit commencé à faucher en vert, et qui avoit été coupé cinq fois, avoit, au 22 novembre, quatre à cinq pouces de haut.

Voici le compte des semaines de consommation :

5 Semaines de deux vaches	10 sem. d'une vach.
27 Semaines d'une seule ,	27 dites.
13 Semaines de moutons à une fois le jour, estimées comme les semaines d'une vache complétement nourrie . . .	13 dites.
Total	50 sem. d'une vach.

13 Semaines de 3 chevaux 39 sem. d'un cheval.
19 Semaines de 4 chevaux 76 dites.

115 sem. d'un cheval.

50 Semaines d'une vache à 6 fr. 50 c. (voy. le compte précédent) font	fr.	515	—
115 Semaines d'un cheval à 8 fr. 25 c.		948	75
650 Quintaux de luzerne sèche à 2 fr. 50 c.		1625	—
Produit brut	fr.	2888	75

Frais à déduire.

Le quart de la journée d'un homme pour faucher et charrier la luzerne à 50 c. pour 231 jours .	fr.	115	50
231 Chariages à 75 c.		173	25
Pour faucher, fanner et serrer 26 voitures de luzerne sèche à 6 fr. .		156	—
Pour achat, transport et semaille du plâtre		50	—
	fr.	474	75
Produit brut	fr.	2888	75
Frais à déduire		474	75
Reste en produit net.	fr.	2414	—

L'accroissement du produit net, comparativement à l'année dernière, est de 590 fr. 75 c. Cet accroissement de produit net seroit de 715 fr. 75 c., si j'avois estimé le fourrage sec à 3 fr. le quintal, qu'on peut regarder comme le prix moyen de ce pays-ci. A l'évaluation de 2 fr. 50 c. le quintal, c'est encore un produit net de fr. 241 40 c. par pose (de 25600 pieds) sous déduction de l'impôt territorial , et de l'intérêt du capital de la pièce.

J'ai éprouvé, de l'usage de la luzerne en vert pour les chevaux de travail, les vaches et les moutons, les mêmes avantages que l'année dernière. Mes chevaux, attelés tous les jours, ont été constamment vigoureux et en bon état; et je n'ai eu aucun accident de gonflement dans les bêtes à laine.

On sait qu'une luzernière bien réussie est d'un rapport très-considérable, et il n'y a rien d'extraordinaire dans le produit de celle dont je rends compte; mais ce qu'il y a d'intéressant dans ce cas ci, pour l'agronome, c'est que, dans mon système d'assolement, les luzernes s'établissent sans frais, et précisément comme les trèfles. L'expérience m'a appris que les luzernières faites sur des défoncemens profonds et coûteux demandent encore des soins annuels de sarclage pour se conserver exemptes de mauvaises herbes plus de trois ou quatre ans, et que dans certains terrains très-disposés à se couvrir de graminées vivaces, les sarclages ne suffisent pas toujours pour maintenir la luzerne nette. Dans les pays où la main-d'œuvre est chère, et où les travaux de la vigne appellent les bras au moment où il faudroit sarcler les luzernes, cette opération, toujours coûteuse et lente, est quelquefois impossible, s'il s'agit de grands espaces. Or comme la luzerne est de toutes les plantes fourragères la plus productive, il importe de préférer pour sa culture, le mode qui permet de la cultiver sur de grandes étendues de terrain, et de la faire entrer dans les assolemens réguliers, en bornant sa durée au nombre d'années pendant lesquelles elle donne un plein rapport.

On sait que les terrains qui ont été en luzerne pendant plusieurs années, refusent de nourrir cette plante lorsqu'on y revient trop tôt. Plus long-tems la luzernière a duré, et plus on doit prolonger l'intervalle de tems consacré à d'autres cultures, avant de revenir à la luzerne sur le même terrain. Je pense qu'il est convenable de laisser écouler, avant de resemer de la luzerne, un nombre d'années double de celui de sa durée. Ainsi, dans mon assolement, après avoir duré quatre ans, la luzerne ne revient, sur le même terrain, qu'à la huitième année.

Deux conditions absolument essentielles à la réussite des luzernes et à leur plein rapport pendant quatre années (1)

---

(1) La luzerne peut réussir sur tous les terrains, depuis les plus graveleux jusqu'aux plus argileux, pourvu que ses racines n'atteignent pas une couche où les eaux séjournent.

sont le défoncement à la bèche, et le nettoiement parfait de la terre. Il faut donc que la récolte céréale, sur laquelle on sème la luzerne soit préparée par une récolte sarclée, après défoncement à la bèche.

Les avantages que les Anglois trouvent dans la culture des turneps ne sauroient être obtenus en France au même degré. La levée de cette plante, très-casuelle en Angleterre, l'est encore plus chez nous. Elle ne peut être cultivée avec profit que sur des terrains légers ; elle demande d'être préparée par de nombreux labours, et une fumure abondante. Son sarclage est difficile, et exige beaucoup de bras ; sa conservation pendant l'hiver, est fort douteuse, si on laisse les racines sur place : les fortes gelées les font pourrir, et la police rurale est en général si mauvaise en France, que les turneps raves ou navets, qu'on laisseroit en plain champ pendant l'hiver, seroient volés. Il ne sauroit d'ailleurs être avantageux de leur faire succéder le froment, parce que si on les arrache

arrache assez tôt pour cela, ils n'ont pas toute leur grosseur, ils sont difficiles à conserver, et fournissent une grande abondance de nourriture dans un moment où elle a moins de prix, puisque les pâturages en donnent encore. Enfin, pour employer les turneps de la manière la plus avantageuse, il faut un ensemble de circonstances agricoles, qu'il est difficile de réaliser en France, où la spéculation d'engraisser des bestiaux n'est ni aussi bonne ni aussi sûre qu'en Angleterre : tout cela encore, en supposant que la réussite de cette récolte fût aussi probable qu'elle l'est chez les Anglois, et cela n'est point, à cause de la différence des climats.

Les pommes de terre réunissent pour nous infiniment plus d'avantages. On peut les cultiver sans fumier ; elles nettoient aussi bien la terre ; leur sarclage n'est point un art difficile, comme pour les turneps ; leur réussite est sujette à moins de casualités ; leur produit est plus considérable en argent ; on les arrache assez tôt pour pouvoir semer du froment après. Elles sont d'une conservation facile; et enfin elles servent également de nourriture aux hommes et aux animaux. Ce dernier avantage est beaucoup plus grand que cela ne paroît au premier aperçu. J'essayerai de le faire comprendre tout-à-l'heure.

Mon assolement est de douze ans, savoir :

1 Pommes de terre.
2 Froment, ou orge fumé.
3 Trèfle.
4 Froment et raves.
5 Pommes de terre.
6 Froment fumé.
7, 8, 9 et 10, luzerne fumée à la neuvième année.
11 Froment.
12 Froment et raves.

Je dois expliquer d'abord pourquoi j'ai annuellement les cinq douzièmes de mes terres arables en céréales, ce qui paroît une proportion bien forte. Notre position frontière d'un pays dont les grains ne suffisent pas à nourrir ses habitans, maintient le prix des blés, dans nos départemens, au-dessus de la moyenne des prix de la France; et bien que le rapport, dans la proportion de la semence, ne soit pas ordinairement très-considérable sur nos terres, pour le froment, ce grain nous donne plus de profit en argent, que d'autres productions, dont le produit brut seroit plus grand. Or, l'agriculteur doit toujours viser à obtenir de la terre le plus grand profit en argent, pourvu qu'il la maintienne nette et en bon état, et dans une disposition de fertilité croissante. Ces conditions se trouvent remplies dans ma rotation.

Première année.

Dans une exploitation d'une étendue considérable, il pourroit être difficile de disposer d'un assez grand nombre de bras, pour défoncer à la bèche pendant l'hiver et le printems, la sixième partie des terres arables. Ce défoncement entraîne d'ailleurs d'assez grands frais, et des avances si fortes ne sont pas toujours à la portée d'un agriculteur. J'ai levé cette difficulté en encourageant les journaliers et les petits propriétaires de mon voisinage à cultiver les pommes de terre à moitié fruits, sur mon terrain. Lorsque je commençai, il y a dix ans, j'eus besoin de leur proposer quelques encouragemens pour les décider à ce marché, dans lequel je donne la terre non fumée, j'avance les semences, je les prélève avant le partage, et j'exige du cultivateur un bon labour à la bèche de treize pouces au moins, une plantation convenablement espacée, un sarclage complet à la houe à deux pointes, et un butage élevé. Tous ces ouvrages se font très-bien. Un prix de vingt-quatre francs que j'avois établi dans le début, a donné une émulation salutaire. Je leur ai conservé ce mobile d'activité, quoique leur propre intérêt les ait si bien éclairés sur l'avantage de cultiver avec soin, que ce petit moyen ne soit plus nécessaire.

J'ai eu cette année trente-cinq individus occupés de cette culture sur mon terrain, et la distribution des pièces destinées à porter des pommes de terre l'année prochaine, a été faite dès le 15 octobre. Quoique j'aie réduit l'espace de chacun à une pose seulement, j'ai été forcé de refuser du terrain à un grand nombre de journaliers qui n'avoient pas, comme ceux que j'ai préférés, le mérite d'avoir très-bien cultivé dans les années précédentes.

Lorsque je veux faire succéder de l'orge, je renvoie l'arrachement des racines au mois d'octobre ; mais lorsque c'est du froment qui doit suivre, je fais arracher dès la fin d'août. Dans le premier cas, je donne un ouvrier pour chaque homme fourni par l'entrepreneur : dans le second cas, j'en donne deux, parce qu'alors je fais labourer toute la surface du champ, avec le hoyau à deux pointes, en même tems que l'arrachement s'exécute, afin que la terre soit prête à semer. Si l'on n'est pas contrarié par les pluies, la terre se prépare fort bien pour la semaille, que je fais au semoir. On a soin de commencer l'arrachement par un des côtés du champ. A mesure qu'il se fait, on débarrasse les tiges des pommes de terre, et on sème quelquefois le blé dans une partie de la pièce, tandis qu'on arrache les pommes de terre dans le reste du champ. Après le prélèvement des semences, le partage se fait immédiatement.

J'ai ordinairement une portion de mes champs que je destine également aux pommes de terre et que je cultive moi-même, en faisant défoncer à la bèche pendant l'hiver, et en nettoyant et buttant la récolte avec la houe à cheval. Cette portion, qui donne encore plus de profit net, exige des avances considérables, et je me trouve bien d'employer les deux méthodes. Le rapport des pommes de terre, dans l'une et l'autre de ces méthodes, n'est assurément pas si considérable que si elles étoient fumées. Le produit varie de dix à vingt pour un, selon la fertilité du terrain et la température de l'année. Quoique la terre soit très-nette, la production du blé seroit peu considérable, si on ne le fumoit point. La pomme de terre est épuisante, et si l'on veut avoir de beau froment après, il faut, ou fumer pour ces racines, ou fumer immédiatement après l'arrachement, ou enfin répandre l'engrais pendant l'hiver sur le blé en végétation. C'est la dernière méthode que je préfère, et voici mes raisons.

Si je fumois les pommes de terre, j'abandonnerois aux entrepreneurs une portion trop considérable de profit. Cette considération n'est pas applicable à la portion des terrains que je fais cultiver moi-même; mais si le fumier augmente beaucoup le produit des pommes de terre, celles-ci absorbent une bonne partie de son influence, et quoique le froment puisse être aussi beau que s'il étoit fumé par dessus, à coup sûr le trèfle qui succède ne s'en trouve pas si bien. Or ceux qui ont étudié les assolemens savent que la réussite du trèfle étant d'une souveraine importance au succès complet de la rotation, on ne sauroit préparer ce succès avec trop de soins et de précautions. Une autre raison qui me paroît fort bonne, pour fumer le blé en hiver, et non pas immédiatement après l'arrachement des pommes de terre, c'est que sur de grandes exploitations, il seroit impossible de faire le transport des fumiers, de les répandre, et de les enterrer par un labour, après l'arrachement des pommes de terre. Les pluies de l'équinoxe, qui sont presque toujours embarrassantes pour les semailles, forceroient de renvoyer celles-ci à une époque trop tardive. D'ailleurs, les frais seroient beaucoup plus grands, soit parce qu'il y auroit un labour de plus, soit parce que les chariages se font à moindres frais en hiver que dans le moment des semailles. Enfin, le transport des voitures ou tombereaux de fumiers sur une terre à demi labourée par l'arrachement des pommes de terre, fatigue beaucoup les attelages, et pétrit le terrain, pour peu qu'il soit humide. Le fumier est toujours un peu embarrassant pour le semoir, et enfin, le trèfle à semer au printems, est d'une réussite beaucoup plus sûre dans ma méthode.

Seconde année.

Il importe que la terre soit bien gelée dans le moment où l'on charie les fumiers. Lorsque la neige est tombée sur une terre déjà gelée, et qu'il n'y en a pas une trop grande quantité, elle n'est point un obstacle à cette opération. Je fume toujours avec du fumier de moutons, et à la quantité de huit voitures de deux forts chevaux par pose. Il importe que le fumier soit bien éparpillé sur le terrain, parce que s'il reste des petites masses, le blé qui se trouve dessous en est quelquefois étouffé ou brûlé.

Dès qu'on peut entrer dans les terres sans que les pieds des chevaux y enfoncent trop, c'est-à-dire, en mars ou avril, je fais semer neuf livres de graine de trèfle par pose, puis herser, en garnissant la herse avec des épines. Cette opération a plusieurs bons effets; elle donne une culture au blé et ranime sa végétation; elle divise, et fait pénétrer le fumier, et assure la levée du trèfle en le couvrant suffisamment de terre. Aux premières pluies chaudes, le trèfle lève, et le progrès de la jeune plante est rapide, parce que les sucs du fumier pénètrent peu-à-peu avec les pluies du printems, en même tems que la racine pivotante du trèfle, trouve une terre remuée à la bèche dans toute la profondeur qu'elle doit atteindre, et que les radicules latérales se multiplient et se fortifient en s'abreuvant des sucs nourriciers de l'engrais.

Dans les années favorables, le trèfle a un pied de hauteur moyenne au moment de la moisson du froment. Dans les années sèches, et où les jeunes trèfles se trouvent en général manqués, les miens sont biens garnis et vigoureux à l'époque de la moisson, quoique moins élevés que dans les années pluvieuses.

Aussitôt après la moisson, qui me rend, selon les années, de six à dix pour un, je fais plâtrer le trèfle, à la proportion d'une mesure égale à la quantité du blé semé. Les progrès de ce jeune trèfle sont si rapides, quand une sécheresse opiniâtre ne les contrarie pas, qu'il m'arrive souvent de faire en septembre ou dans les premiers jours d'octobre, une pleine récolte d'une voiture de vingt-cinq quintaux par pose. Pour moyenne de dix années, je ne compte qu'une demi-voiture par pose. Il repousse ordinairement un bon pâturage d'automne que je destine aux moutons. Leur dent ne fait aucun tort à la plante, ni en automne ni au printems, où il m'est souvent arrivé de les faire pâturer avant le plâtrage.

Troisième année.

Je fais plâtrer les trèfles dès que leur feuille cache la terre. La moyenne des deux premières récoltes est d'une voiture de vingt-cinq quintaux par pose pour chacune. La troisième peut être évaluée à la moitié. Dans les années sèches, on ne fait que deux récoltes ; mais leur abondance est toujours très-supérieure à celle des trèfles qui ne sont pas préparés de la même manière. Dans le courant de septembre on rompt le trèfle à la charrue, et le semoir la suit pour semer le froment.

Quatrième année.

Le froment qui suit le trèfle est ordinairement d'une réussite plus sûre, et d'un produit plus abondant que celui qui succède aux pommes de terre ; mais il faut se souvenir qu'il s'agit de trèfles pleinement réussis, condition indispensable au succès du froment qui le remplace. Notre climat permet une récolte dérobée de raves, de vesces ou de blé noir, après ce blé de la quatrième année.

Cinquième année.

Je reviens aux pommes de terre, préparées à la bèche et cultivées de la même manière qu'à la première année. Je n'ai point éprouvé que le retour de cette racine sur le même terrain, au bout de quatre ans, nuisît à l'abondance de cette seconde récolte. Le froment lui succède encore, et est fumé pendant l'hiver.

Sixième année.

Je sème la luzerne sur le blé, au printems, en poids double de celui du trèfle. On peut voir dans le compte rendu l'année dernière, la réponse aux objections qu'on seroit tenté de faire contre cette manière de semer. Après la moisson, je plâtre la jeune luzerne, et j'en fais une coupe en automne, ordinairement plus foible que les premières coupes du trèfle.

Septième année.

La luzerne, plâtrée au printems, donne, année commune, quatre coupes, au moins trois, et jusqu'à cinq. Ces coupes n'ont pas encore toute la force qu'elles auront dans l'année suivante. Les repousses de l'arrière-automne peuvent, sans inconvénient, être pâturées par les moutons.

Huitième année.

Plâtrage au printems, comme l'année précédente. La production est sensiblement plus forte. On peut comparer les produits dans le tableau de l'année dernière, et dans celui qui est en tête de cet article. Les deux années ont été sensiblement égales en quantité de pluie, et favorables l'une et l'autre aux prés artificiels. Mais à cette seconde année de pleine récolte de la luzerne, les graminées vivaces commencent à s'y introduire.

Neuvième année.

La luzerne a été fumée pendant l'hiver à huit charretées de deux forts chevaux par pose. On la plâtre, comme à l'ordinaire, au printems. Quoique l'augmentation des graminées vivaces y devienne encore plus rapide par la fumure de l'hiver, les plantes de luzerne ayant acquis une grande force, la production totale équivaut d'ordinaire à celle de l'année précédente, en supposant la température également favorable.

Dixième année.

La luzerne, plâtrée au printems, commence à baisser en produit. Celui-ci est néanmoins encore plus fort que ne pourroit l'être une belle récolte de trèfle. Dans le courant de septembre, je fais rompre la luzernière pour semer du froment fort clair (1).

Onzième année.

Il est à craindre que le froment ne soit trop beau, et ne verse. Pour prévenir cet accident, il convient de le faire brouter aux moutons au printems, à plusieurs reprises, s'il se montre trop vigoureux. Un mois après la moisson, le champ est de nouveau labouré pour une seconde récolte de froment, laquelle est ordinairement plus abondante en grains que la précédente.

Douzième année.

Après la récolte de froment, laquelle demande la même précaution que la précédente, pour prévenir le versement, on prend une récolte dérobée, pour profiter de la fertilité de la terre, que les deux récoltes céréales n'ont point épuisée (2),

(1) On peut aussi renvoyer au printems suivant pour rompre et semer de l'orge : on y gagne une coupe de luzerne.

(2) Il m'est arrivé de semer après la luzerne, de l'avoine, puis deux années du froment, et que la seconde récolte de froment versoit pour être trop belle.

mais où les mauvaises herbes commencent à s'établir, et qui a besoin d'un nouveau défoncement à la bèche.

Je vais maintenant présenter le compte des dépenses et de la recette de cet assolement de douze années, en supposant que l'on n'a point la ressource de faire cultiver les pommes de terre à partage, et qu'on soit obligé de faire les avances du défoncement à la bèche, et des frais de culture et de récolte. Les prix sont calculés sur nos données locales, et le compte est fait pour une pose de 25600 pieds de France de surface : chacun peut modifier les calculs d'après sa position.

Assolement de douze ans. Dépenses pour une pose de terre arable.

Première année.

Labour à la bèche pendant l'hiver . Fr.	30	»
Faire les raies à la charrue pour planter, ¼ de journée de deux hommes et d'un cheval	1	50
Cinq sacs de 175 liv. poids de marc, de pommes de terre pour semence . .	15	»

Pour

Pour planter, une ½ journée d'homme et ½ journée de femme	2	»
Première culture à la houe à cheval (trois poses par jour)	2	»
Seconde culture	1	»
Troisième culture	1	»
Une journée de femmes pour ôter l'herbe près des plantes	1	»
Arrachement et labour à la houe à deux pointes, dix journées d'hommes et quatre de femmes	21	»
Chariage de quatre voitures de pommes de terre	3	»
Un sac de froment (de 115 livres de marc) pour semence	20	»
Un quart de journée de semoir . .	1	50
Faire les raies d'écoulement . . .	1	50
Huit voitures de fumier à 8 fr. . .	64	»
Transport de l'engrais	6	»
Pour charger et répandre le fumier .	2	50
Frais de la première année . fr.	173	»

Seconde année.

Neuf livres de trèfle à 75 c. . . fr.	6	75
Hersage ¼ de journée	1	»
Nettoyer le blé à la main	1	»

Moissonner $1\frac{1}{2}$ journée d'homme et $1\frac{1}{2}$ de femme	6	»
Liage et main-d'œuvre de 40 gerbes .	3	»
Chariage et engrangement	2	»
Un sac de plâtre, le charier et le répandre	3	»
Faucher, faner et charier 12 quintaux de trèfle	3	»
Battage de 40 gerbes de blé . . .	9	»
Fraix de la seconde année . fr.	34	75

Troisième année.

Plâtrage . . . . fr.	3	»
Faucher, faner et charier 50 quintaux de trèfle	12	»
Labour de semaille	12	»
Un sac de froment pour semence . .	20	»
Hersage	1	»
Semer au semoir	1	50
Faire les raies d'écoulement . . .	1	50
Fraix de la troisième année . fr.	51	»

Quatrième année.

Nettoyer le blé à la main . . . fr.	1	»
Moissonner, lier, charier, engranger quarante gerbes	11	»
Battage	9	»

Labour pour une récolte dérobée de raves	12	»
Herser et semer au semoir	2	50
Deux cultures à la houe à cheval . .	2	»
Arrachement et transport des raves .	6	»
Frais de la quatrième année . fr.	43	50

Cinquième année.

Comme la première . . . . . . fr.	173	»

Sixième année.

Comme la seconde, mais 20 livres de graine de luzerne par pose, soit une augmentation de 8 fr. . . . . fr.	42	75

Septième année.

Plâtrage . . . . fr.	3	»
Faucher, faner, charier 70 quintaux de luzerne	18	»
Fraix de la septième année . fr.	21	»

Huitième année.

Plâtrage . . . . fr.	3	»
Faucher, faner, charier 70 quintaux de luzerne (1)	18	»
Fraix de la huitième année . fr.	21	»

(1) On peut voir par le compte détaillé en tête de cet article, que j'ai fait, dans une pièce de dix poses,

Neuvième année.

Huit voitures de fumier, à 8 fr. . fr.	64	»
Plâtrage	3	»
Faucher, faner et charier 70 quintaux de luzerne	18	»
Fraix de la neuvième année . fr.	75	»

Dixième année.

Plâtrage . . . . fr.	3	»
Faucher, faner et charier 60 quintaux de luzerne	15	»
Labour de semaille	12	»
Semence du blé, semaille, etc. . .	24	»
Fraix de la dixième année . fr.	54	»

Onzième année.

Nettoyer le blé à la main . . . fr.	1	»
Moissonner, lier, charier et engranger 40 gerbes	11	»
Battage	9	»
Labour de semaille	12	»
Semence et semaille d'un sac de blé .	24	»
Fraix de la onzième année . fr.	47	»

950 quintaux de luzerne cette année, qui est la huitième de l'assolement de cette pièce; c'est donc 95 quintaux par pose, mais la température de l'année a été particulièrement favorable.

Douzième année.

Comme la quatrième année . . fr. 43 50

Produit brut d'une pose de terre arable dans l'assolement de douze ans.

1.re année 70 sacs de pommes de terre à 3 fr. . . . . fr.	210	»
2.e année 8 sacs de from. à 20 fr. 160 / 13 quint. de paille à 2 fr. 26 / 12 quint. de trèfle à 3 fr. 36	222	»
3.e année 50 quint. de trèfle à 3 fr. .	150	»
4.e année 8 sacs de from. à 20 fr. 160 / 30 sacs de raves à 50 c. . . . 15	175	»
5.e année, comme la première . .	210	»
6.e année, comme la seconde, mais 4 quint. de fourrage de moins .	210	»
7.e année 70 quint. de luzerne à 3 fr. .	210	»
8.e année, de même	210	»
9.e année, de même	210	»
10.e année, 60 quint. de luzerne . .	180	»
11.e année, 8 sacs de froment et 13 quintaux de paille . . .	186	»
12.e année, froment, paille et raves .	201	»

Total du produit brut pendant 12 ans . . . . . . fr. 2374 »

Total du produit brut pendant 12 ans		2374
Les frais de culture des 12 années s'élèvent à . . . . fr.	779 50	955 50
Il faut y ajouter l'intérêt des avances, environ	40 »	
Intérêt des bâtim. de ferme, et dégradation des instrumens de labourage, attelages, etc.	100	
Impôt territorial	36 »	
Produit net d'une pose de terre arable pendant 12 ans . . . . fr.		1418 50
Soit par année		118 21

Pour qu'un assolement soit véritablement bien calculé, il faut que les terres arables qui y sont soumises puissent fournir, par la consommation de leurs produits, tout l'engrais qui est nécessaire à leur bon entretien, sans qu'on soit obligé d'avoir recours au fourrage des prés naturels ou à des achats de fumier. Voyons si l'assolement de douze ans, dont je viens de rendre compte, remplit cette condition.

D'après les belles expériences directes de M. Crud (voy. Agr. T. XV p. 17) trois quintaux de bon foin équivalent en quantité de substance nutritive, à quatre sacs de pommes de terre, lorsqu'on nourrit les bestiaux avec ces racines données crues (1). Cent et dix quintaux de bon foin, peuvent être considérés comme la nourriture moyenne annuelle d'une tête de gros bétail qui est toujours à l'étable. Chaque bête de forte taille, qui est fournie d'une litière suffisante, fait dans l'année huit voitures de fumier, dont chacune est la charge de deux forts chevaux. Voyons maintenant ce que nous recueillons pendant les douze années, en nourriture pour les animaux, ou en litière, sur la pose.

	quintaux
En trèfle et luzerne.	340 (2)
En pommes de terre, 140 quintaux équivalens à	105
En raves, 40 quintaux équivalens à	30
En paille, 65 quintaux	475 quint.

(1) On voit par les expériences citées, qu'il ne convient pas de donner les pommes de terres crues au bétail, pour toute nourriture. Si l'on n'en fait manger qu'une ration par jour avec du fourrage sec, elles n'ont point l'inconvénient de donner la diarrhée aux bêtes.

(2) Quatre-vingt dix livres de luzerne équivalent en substance nutritive, à un quintal de bon foin (voyez les expériences de M Crud). Je n'ai pas fait valoir cet avantage dans le compte des fourrages, parce qu'il y a une perte en poids dans l'espèce de fermentation que le foin éprouve sur le fenil.

C'est donc pour nourrir quatre têtes de gros bétail, et fournir à leur litière pendant une année : ces quatre bêtes font trente-deux voitures de fumier. Or, à trois fumures sur les douze ans, ce n'est que vingt-quatre voitures employées. Il paroît donc que non-seulement on peut se passer de prés naturels, mais qu'il y a un excédant de fourrages et de pailles, ou bien que l'on peut vendre les pommes de terre sans affoiblir les autres productions, ou enfin qu'il conviendroit de modifier l'assolement pour une partie de la ferme, que l'on destineroit à porter des récoltes très-épuisantes et d'un grand produit, mais qui demandent beaucoup d'engrais, telles que le colza pour graine, le chanvre, le lin, le tabac, le maïs, etc.

On sait qu'au-delà d'un certain point de fertilité, la terre n'est plus propre à la production des céréales. J'éprouve déjà que le versement des récoltes m'enlève tous les ans une partie des produits, et je serai obligé de réduire la quantité de fumier, ou d'éloigner les fumures, ou de modifier mon assolement. C'est un embarras de richesse que l'on peut aisément faire tourner à profit.

Ce que le calcul et la théorie indiquent, l'expérience me le prouve. Lorsque j'ai acheté Lancy, la production des fourrages n'avoit pas dépassé, depuis dix ans, la quantité de soixante-dix voitures de vingt-cinq quintaux, et la moyenne n'atteignoit pas soixante, dont la moitié environ étoit des foins de prés naturels, et l'autre moitié des trèfles. Cette quantité est allée en augmentant d'année en année. En 1809, je recueillis cent dix-sept voitures. J'en avois de reste de 1808. Cette année j'en ai recueilli cent quarante-huit de foin sec, sans compter la consommation en luzerne verte pendant sept mois. Il me restoit quarante voitures de foin au mois de mai; ensorte que le 22 novembre dernier, j'avois dans mes granges, cent quatre-vingt-huit voitures de foin en magasin.

J'ai recueilli, cette année, trois mille cent et neuf sacs de pommes de terre, sur mon domaine, dont mille neuf cent cinq, pour ma part, qui équivalent à mille quatre cent vingt-huit quintaux de fourrage, soit à cinquante-sept voitures. Ainsi donc, sans compter les topinambous, dont je nourrirai mes troupeaux au printems, pendant six semaines au moins, mais que j'écarte de ce compte parce qu'ils n'entrent point dans mon assolement; sans compter la valeur de trois cent et sept quintaux de luzerne consommés en vert, j'ai recueilli trois fois plus de fourrage cette année qu'on n'en recueilloit autrefois dans les bonnes années sur le domaine, qui passoit cependant pour bien cultivé, mais qui étoit soumis à la méthode des jachères. Les prés naturels ont sensiblement augmenté en produit, mais le fourrage qu'ils donnent est absorbé par leur propre fumure, celle des vignes et du jardin potager, ensorte que c'est aux terres arables à produire le fumier qui doit entretenir et augmenter graduellement leur fertilité.

Vendre les pommes de terre, au lieu de les faire consommer sur le fonds par les bestiaux, est d'abord une ressource facile pour remédier à l'inconvénient de cette surabondance de fourrages et d'engrais. Je dois présenter ici quelques observations sur l'importance qu'il y a à faire entrer les pommes de terre dans la rotation, comme la récolte préparatoire des céréales.

J'ai dit ci-dessus que l'avantage de pouvoir employer la pomme de terre également à nourrir les hommes et les bestiaux étoit plus grand que cela ne paroît au premier coup-d'œil. Si cette racine ne pouvoit s'appliquer qu'à la nourriture de l'homme, la culture en seroit fort bornée, ou bien elle absorberoit toutes les autres, comme dans le midi de l'Irlande, où la population s'en nourrit presque uniquement. Dans tous les pays, même dans ceux où le froment est sujet à beaucoup de casualités, sa culture offre des avantages qui ne sauroient être balancés par ceux d'aucune autre plante, soit pour la quantité de substance nutritive destinée à l'homme, soit pour la facilité du transport et de la conservation. Mais le froment, et les autres céréales enlèvent beaucoup à la terre et lui rendent peu, en même tems que leur culture la souille de mauvaises herbes. La pomme de terre, si elle est uniquement destinée à l'homme, rend peu d'engrais et épuise le terrain. Elle est d'un transport difficile, d'un volume embarrassant, et d'une conservation impossible au-delà de huit à neuf mois. Comme récolte accessoire au froment, mais seulement destinée à l'homme, sa culture est donc nécessairement très-bornée. Elle peut acquérir un peu plus d'étendue dans le voisinage des grandes villes; mais encore si on doubloit seulement la production ordinaire, le marché en seroit surchargé, et le produit ne paieroit plus les frais. La pomme de terre, considérée exclusivement comme nourriture de l'homme, ne peut donc entrer dans les assolemens, lorsqu'il s'agit de grandes exploitations. Mais si on la cultive pour les bestiaux, il n'y a d'autres limites à l'étendue de terrain qu'on lui destine annuellement, que celles qui dépendent de l'étendue de la ferme elle-même. Comme c'est la récolte qui doit nettoyer le sol des mauvaises herbes, et le renouveller par un défoncement, il faut qu'elle revienne assez fréquemment pour remplir ces deux objets. On augmente le nombre des bestiaux à proportion que les récoltes de pommes de terre sont plus considérables.

Ainsi liée à la production des céréales et des foins artificiels, la pomme de terre est une source d'abondance et de richesse pour l'agriculteur, et un préservatif assuré contre les disettes. Non-seulement sa réussite est beaucoup moins casuelle que celle du froment, mais ce qu'il y a de remarquable, c'est qu'en général, elle réussit mieux quand les blés manquent. La même température du printems et de l'été qui nuit le plus à la production des grains, c'est-à-dire, la fréquence et la longueur des pluies, sert le mieux la production des pommes de terre. Les paysans ont un proverbe fondé sur l'expérience: « année de foin, disent-» ils, année de rien. » Les années de foin, qui sont aussi celles des pommes de terre, sont les années pluvieuses, dans lesquelles les blés sont peu grenés.

Si la culture des pommes de terre étoit généralement établie sur un quart, un cinquième, ou un sixième des terres arables, les disettes ne seroient point à craindre. Au moment où la rareté du blé commenceroit à se faire sentir, les racines destinées aux bestiaux seroient appliquées à l'homme, elles deviendroient un régulateur des prix, et une ressource contre le besoin.

En attendant cette révolution dans notre culture nationale, que le tems amènera peut-être graduellement, c'est un sujet intéressant de spéculation agricole pour les propriétaires et les fermiers, que la culture des pommes de terre à moitié fruits. Celui qui fait faire des travaux à la journée a sans cesse à combattre l'inertie des ouvriers. La résistance sourde qu'oppose la paresse, fatigue, à la longue, la surveillance; et il en résulte des nonvaleurs, des pertes de tems, qui, au bout de l'année, font un déficit considérable dans les recettes. Si l'on fait travailler à tâche, l'entrepreneur tend sans cesse à échapper au contrôle qu'on établit sur lui pour le forcer à bien exécuter ce qu'il a entrepris. Dans l'un et dans l'autre cas, les intérêts du maître et du salarié sont divergens, et c'est un sentiment habituellement pénible pour le premier, lorsqu'il surveille les travaux de sa ferme. Dans la culture à moitié fruits, les intérêts du propriétaire et de l'entrepreneur coincident toujours. Celui-ci travaille avec un sentiment de propriété et d'espérance qui double ses forces et son activité. Il emploie tous ses momens ; il se fait aider de ses enfans ; il profite des heures qui sans cela seroient perdues, des jours d'hiver, des tems de chômage, où il prendroit des habitudes de paresse et d'ivrognerie, s'il n'avoit pas ce stimulant au travail.

Comme aucune récolte, plus que la pomme de terre, ne paie le travail dans la proportion exacte de ce qu'on lui en donne, les entrepreneurs à moitié fruits sont encouragés par leur propre intérêt, à cultiver très-bien, c'est-à-dire à labourer profondément, à détruire complétement les mauvaises herbes, à butter les plantes très-haut, exposant ainsi beaucoup de surface aux influences atmosphériques, et transportant aux champs la culture des jardins, au très-grand bénéfice du propriétaire.

Si l'on considère de quel avantage il est pour l'indigent de s'assurer ainsi par son travail une nourriture d'hiver saine et abondante, pour lui et sa famille, on admire une culture qui a ce résultat heureux, en même tems que celui d'encourager merveilleusement les habitudes laborieuses, c'est-à-dire, les habitudes morales, dans la classe des non-propriétaires (1). J'observe autour de moi ces salutaires effets, avec une satisfaction

(1) Le pauvre désœuvré est presque nécessairement vicieux. Donnez-lui un stimulant au travail dans un intérêt de propriété, il devient l'allié de tous les amis de l'ordre.

qui ne sauroit être comprise que par ceux qui ont été souvent déçus dans leur désir de faire du bien autour d'eux. Donner de l'argent ou des subsistances aux indigens, c'est quelquefois leur tendre un piége, c'est endormir leur activité, c'est avilir leur caractère, flatter leur imprévoyance, et les accoutumer à une ressource qui ne sauroit se renouveler indéfiniment. Leur fournir du travail à la journée, ou à tâche, est sans doute un grand service à leur rendre, mais il faut des combinaisons bien justes pour qu'un propriétaire, dont les moyens sont bornés, puisse soutenir des avances plus fortes que celles qu'exige la culture ordinaire du pays. Dans la méthode que je conseille, d'après une expérience de dix ans, le propriétaire n'avance presque rien, ses terres sont défoncées, bien cultivées, et il a une demi-récolte qu'il n'achète que par les journées d'arrachement.

En supposant que les riches propriétaires pussent occuper tous les indigens de leur paroisse, par des travaux à tâche et à la journée, dans toutes les saisons, il reste contre cette manière d'employer les pauvres, les objections que j'ai indiquées ci-dessus. D'ailleurs, quelle différence quant à l'effet moral! Le manouvrier qui travaille à la journée n'a aucun avenir assuré; il se fait une habitude de l'imprévoyance; si le prix des journées est élevé, il boit un peu plus le dimanche, ou fait ce que les ouvriers appellent *le lundi*, c'est-à-dire, qu'il s'enivre deux jours de suite. Lorsqu'il travaille à tâche, il s'exténue de peine pour gagner beaucoup; il reçoit son argent tout à-la-fois; il se croit riche, il le dépense promptement, et souvent en débauches. Enfin s'il travaille à la journée, c'est d'une manière machinale, triste, découragée, avec le désir constant d'épargner sa peine, c'est-à-dire, le vœu injuste d'être payé d'une journée qu'il ne gagne pas complétement. S'il travaille à tâche, son esprit est toujours tendu pour échapper aux obligations de son contract, en faisant médiocrement ou mal, ce qu'il s'est engagé à bien faire. Tels sont les inconvéniens moraux nécessairement dépendans d'une relation dans laquelle les intérêts ne sont pas confondus. Tous les avantages contraires sont attachés au pacte de la culture à moitié fruits. La distribution de deux mille quintaux de pommes de terre sorties de mes champs, dans une année de cherté de grains comme celle-ci, *pour la part seule des entrepreneurs*, c'est-à-dire, de soixante quintaux dans chacune des trente-cinq familles, n'est peut-être pas ici le plus grand bienfait de cette culture. Chaque chef de famille a travaillé avec un sentiment doux de propriété et d'espérance; sa femme et ses enfans, depuis les plus grands jusqu'aux plus jeunes, l'ont aidé. Il a calculé d'avance sa part de la récolte; tranquille sur la provision de sa famille, il a vu sans effroi l'hiver s'approcher, et le prix des blés s'élever de mois en mois. Il profite maintenant de tous les beaux jours pour bêcher le terrain qui lui promet la même sécurité contre la disette pour l'année prochaine.

Chacun peut faire le compte du profit que me donnent cette année mes pommes de terre. Une somme de sept à huit mille francs en recette, sur les deux tiers de laquelle il n'y a presque pas de frais à défalquer (1), est assurément un beau résultat pécuniaire; mais le sentiment d'avoir prévenu ou soulagé la misère, d'avoir contribué à donner aux indigens des habitudes de travail, d'ordre et de prévoyance, de les avoir rendus plus heureux dans leurs travaux, d'avoir assuré la provision d'hiver des femmes et des enfans, d'obtenir les vœux et les bénédictions de ceux que j'emploie de cette manière, ce sentiment, dis-je, est tout autrement satisfaisant et doux.

C'est ici le lieu de répéter une vérité

---

(1) Le prix actuel (10 décembre) des pommes de terre est de 4 fr. 50 c. le sac, et il est bien probable qu'elles seront plus chères au printems. Leur vente est très-facile, et je n'en ferai pas manger une seule aux bestiaux.

que j'ai indiquée quelquefois dans le cours de cet ouvrage, et qui peut être mieux comprise à la suite des faits dont je viens de tracer le tableau, c'est que *toute l'agriculture est dans l'art des assolemens.* Tant qu'on ne considère les avantages et les inconvéniens de la culture d'une plante que d'une manière isolée, c'est-à-dire, indépendante des années qui précèdent et qui suivent, on ne sauroit en avoir qu'une idée partielle ou fausse. Les diverses productions ne peuvent être appréciées que par leurs rapports avec celles qui les ont préparées et qui leur succéderont. Vanter, par exemple, les ressources des pommes de terre, sans expliquer qu'elles épuisent le terrain, si les bestiaux ne les consomment pas sur le fonds qui les a produites, c'est induire en erreur des gens qui ne manqueront pas d'en dire du mal, et d'en abandonner ou d'en restreindre la culture, lorsqu'ils auront vu que les blés qui leur succèdent sont chétifs, et de peu de rapport. Vanter le trèfle comme le grand améliorateur des terres, sans indiquer toutes les précautions qu'il faut prendre pour assurer sa pleine réussite, c'est préparer des mécomptes au cultivateur qui le sémera sur des terres sales ou maigres, et qui aura de mauvais blé après un trèfle misérable. Vanter la luzerne ou le sainfoin, sans indiquer la marche économique qui peut faire tirer de ces deux plantes le plus grand parti, en les faisant précéder et suivre de productions bien combinées, c'est laisser ignorer à ceux qui cultiveront ces fourrages une grande partie des avantages qu'ils réunissent. Enfin, chaque production ayant une valeur indirecte, médiate, ou relative, plus importante encore au propriétaire, au fermier, et à la communauté que la valeur immédiate de cette même production, il faut apprécier les deux genres de mérite pour asseoir des calculs avantageux. C'est vers la combinaison la plus profitable de la succession des récoltes que doit principalement se porter l'attention de l'agriculteur. Il doit étudier avec soin les principes de la science, puis observer les circonstances relatives à la nature de ses terres, à son climat, à ses débouchés, au genre de bestiaux qui lui est le plus avantageux de nourrir, au prix des journées et du travail de la charrue, à la distance des villes, au genre de population dont il est entouré; il doit observer la culture de ses voisins, profiter de leurs fautes, ne rien négliger enfin pour lier fortement toutes les parties de son système de rotation, afin que le mouvement une fois donné, le succès amène le succès, que l'abondance d'une année garantisse l'abondance des années qui suivront, et que la terre augmente de valeur à mesure que sa rente devient plus forte.

Il est facile d'avoir de belles récoltes en faisant de grands sacrifices. En donnant quatre labours de jachère et en achetant des fumiers, on peut obtenir des blés aussi beaux que ceux qui succèdent à un trèfle pleinement réussi; mais c'est une agriculture ruineuse : c'est un semblant de succès que démentent et le compte de caisse, et le bilan annuel du fermier. Ce n'est que par l'ensemble de l'assolement de celui-ci qu'on peut juger son habileté, et augurer ses profits avec quelque certitude.

Je suis très-éloigné de vanter mon assolement d'une manière exclusive, et de le recommander comme la rotation universelle; mais là où le climat, le sol et les circonstances le comportent, il est, je crois, un des plus productifs de denrées, d'argent et d'engrais que l'on puisse adopter. La quantité du produit brut est extrêmement considérable, et c'est là principalement ce qui intéresse la communauté. Deux récoltes de pommes de terre, cinq récoltes de froment ou d'orge, trois coupes de trèfle, seize coupes de luzerne, deux demi-coupes de trèfle et luzerne, et deux récoltes dérobées, forment une masse énorme de denrées qui sortent de la terre dans les douze ans (1). Le compte détaillé que j'ai donné prouve que la somme des dépenses ne s'élève pas au tiers du produit brut. Le bénéfice pécuniaire pour l'agriculteur est déjà très-grand tel que je le présente : avec un peu d'industrie il peut l'augmenter encore. S'il choisit son bétail avec soin, s'il fait manger ses fourrages à des troupeaux de la race d'Espagne; si, au lieu de faire consommer ses pommes de terre à des animaux qui lui rendroient peu, il les emploie à augmenter la masse de ses bêtes à laine et de ses toisons superfines; si, au lieu de faner toutes ses luzernes et ses trèfles, il en fait consommer en vert ce que comportent ses moyens de loger des animaux précieux; si, au lieu d'avoir des attelages de charrue

(1) J'aurois pu faire remarquer que l'emploi de la luzerne en vert, pour les chevaux, rend l'avoine inutile pendant les six mois des plus forts travaux. Dans une bonne partie des départemens de la France, on consacre un tiers des terres arables à l'avoine, dans le but de nourrir des chevaux qui labourent pour faire croître de l'avoine. Un bon assolement réduit le nombre des chevaux et augmente celui des hommes.

qui chômeroient une partie de l'année, il s'arrange avec ses voisins pour des labours qui ne reviennent que rarement (1), il augmente beaucoup les bénéfices de son agriculture. J'ai dit encore que mon assolement est un des plus productifs d'engrais que l'on puisse adopter; et cependant le tableau que je présente ne suppose la production de l'engrais que d'après les formules connues pour les bêtes à cornes. Les moutons sont des machines à fumier plus avantageuses que le gros bétail. Il est facile de l'aug-

---

(1) On peut remarquer que 12 francs pour le labour d'une pose est un prix très-élevé. J'ai combiné mon assolement en ayant égard à la cherté de l'entretien d'un attelage et des valets de charrue dans notre pays; et depuis plusieurs années, avec cent vingt poses de terres arables, je n'ai point de charrue à moi. J'arrive jusqu'à la onzième année de mon assolement avec un seul labour à la charrue, car les récoltes dérobées peuvent se préparer par le scarificateur. J'ai toujours le choix entre les meilleures charrues de mes voisins lorsqu'il s'agit de rompre les trèfles et les luzernes. Si je reviens à avoir une charrue, elle sera meilleure que celle du pays; elle sera conduite sans aide, et peut être traînée par des vaches.

menter en quantité par un dépôt de terre renouvelé plusieurs fois l'année dans les bergeries. Le résultat final de cette grande production d'engrais est l'amélioration graduelle du domaine, autrement dit, l'augmentation de la richesse foncière. Ainsi, la communauté, le propriétaire et le sol, ou si l'on veut, la nation, le fermier et le propriétaire, trouvent également leur compte à cette combinaison. Tels doivent être les résultats de tout assolement bien calculé. L'art de l'agriculteur s'ennoblit, lorsqu'il se lie ainsi aux grands intérêts de l'économie politique; lorsqu'au lieu de tourner sans cesse dans le cercle étroit des profits mesquins, au lieu d'avoir pour encouragement le gain pécuniaire d'une seule année, isolé de toute autre considération, il embrasse des combinaisons de bienfaisance, de richesse nationale, d'amélioration croissante dans la valeur des capitaux, et d'augmentation graduelle de population, puisqu'enfin la masse des subsistances est toujours la mesure certaine du nombre des hommes. Ce n'est que de cette manière que l'agriculteur peut s'associer, dans ses humbles travaux, aux vues les plus relevées de l'homme d'état, et seconder les vœux des amis de l'humanité pour l'amélioration du sort des indigens laborieux.

FIN.

www.ingramcontent.com/pod-product-compliance
Ingram Content Group UK Ltd.
Pitfield, Milton Keynes, MK11 3LW, UK
UKHW022105170726
13837UKWH00003B/1085